BEI GRIN MACHT SICH IHR WISSEN BEZAHLT

- Wir veröffentlichen Ihre Hausarbeit, Bachelor- und Masterarbeit

- Ihr eigenes eBook und Buch - weltweit in allen wichtigen Shops

- Verdienen Sie an jedem Verkauf

Jetzt bei www.GRIN.com hochladen und kostenlos publizieren

Timo Hagedorn

Die Bedeutung der Produktgestaltung im Rahmen der Produktpolitik

GRIN Verlag

Bibliografische Information der Deutschen Nationalbibliothek:

Die Deutsche Bibliothek verzeichnet diese Publikation in der Deutschen National-
bibliografie; detaillierte bibliografische Daten sind im Internet über http://dnb.d-
nb.de/ abrufbar.

Impressum:

Copyright © 2012 GRIN Verlag GmbH
Druck und Bindung: Books on Demand GmbH, Norderstedt Germany
ISBN: 978-3-656-73707-0

Dieses Buch bei GRIN:

http://www.grin.com/de/e-book/279836/die-bedeutung-der-produktgestaltung-im-
rahmen-der-produktpolitik

GRIN - Your knowledge has value

Der GRIN Verlag publiziert seit 1998 wissenschaftliche Arbeiten von Studenten, Hochschullehrern und anderen Akademikern als eBook und gedrucktes Buch. Die Verlagswebsite www.grin.com ist die ideale Plattform zur Veröffentlichung von Hausarbeiten, Abschlussarbeiten, wissenschaftlichen Aufsätzen, Dissertationen und Fachbüchern.

Besuchen Sie uns im Internet:

http://www.grin.com/

http://www.facebook.com/grincom

http://www.twitter.com/grin_com

Die Bedeutung der Produktgestaltung

im Rahmen der Produktpolitik

Inhaltsverzeichnis

Abbildungsverzeichnis

1. Die Produktpolitik als Teil des Marketing-Mix

Produktpolitik, Preispolitik, Kommunikationspolitik und Distributionspolitik bilden den klassischen Marketing-Mix, auch als die 4 P's bekannt (Product, Price, Promotion, Place). Mittlerweile wurde dieses Modell um drei weitere Instrumente ergänzt (Personnel, Process und Physics), sodass zunehmend von den 7 P's die Rede ist.[1]

Der Marketing-Mix umfasst all die Instrumente, die durch das Marketing-Management im koordinierten und integrierten Einsatz ihre Anwendung finden. Der optimale Marketing-Mix richtet sich jeweils nach der anzusprechenden Zielgruppe.[2]

Im Rahmen der Produktpolitik werden alle produktpolitischen Entscheidungen getroffen, die u. a. Auswirkungen auf die Gestaltung neuer als auch bestehender Produkte haben.[3] Dabei werden Merkmale gewählt, die das Produkt marktgerecht und unverwechselbar machen, um so den gewünschten Erfolg zu erzielen.[4]

An dieser Stelle sei zu erwähnen, dass neben Produkten materieller Natur (Sachgüter) auch Dienstleistungen gestaltet werden müssen, bevor sie auf den Markt gebracht werden. Die Produktgestaltung bezieht sich also nicht ausschließlich auf optische Merkmale, auch wenn diese mit dem Begriff „Gestaltung" am ehesten in Verbindung gebracht werden.

---

[1] vgl. Winter (2007), S. 351
[2] vgl. Runia/Wahl/Geyer/Thewißen (2011), S. 7
[3] vgl. Homburg/Krohmer (2009), S. 536
[4] vgl. Vahs/Schäfer-Kunz (2007), S. 571

2. Der Produktnutzen als Bedürfnisbefriedigung

Einen Teil der Produktpolitik stellt die Produktgestaltung dar. Für den potentiellen Nachfrager muss das Produkt so beschaffen sein, dass es sein Bedürfnis befriedigt und er seinen gewünschten Nutzen daraus gewinnen kann.[5]

Am Markt wird sich der Kunde in der Regel für das Produkt entscheiden, bei dem der Nutzen und somit auch die persönliche Bedürfnisbefriedigung maximal ist.[6]

Der gesamte Nutzen (Produktnutzen) setzt sich zusammen aus dem Grund- und dem Zusatznutzen.

2.1 Grundnutzen

Der Grundnutzen eines Produkts resultiert aus seinen stofflich-technischen Eigenschaften und beschränkt sich auf die Grundfunktionen.[7] Aus Sicht des Käufers wird der Grundnutzen vorausgesetzt und unterliegt keiner Entscheidung zwischen Konkurrenzprodukten.

Beispielsweise erwartet der Käufer einer Kaffeemaschine, dass er damit seinen Kaffee erhält; er würde sich nicht darüber informieren, ob das Produkt diesen Nutzen erfüllt.

Als Produzent bzw. Hersteller bei der Gestaltung seines Produkts allein den Grundnutzen zu erfüllen, macht es heute kaum noch möglich, sich von den zahlreichen Wettbewerbern abzuheben.[8]

---

[5] vgl. Homburg/Krohmer (2009), S. 536
[6] vgl. Kotler/Bliemel (2006), S. 15
[7] vgl. Froböse/Kaapke (2003), S. 149
[8] vgl. Runia/Wahl/Geyer/Thewißen (2011), S. 142

2.2 Zusatznutzen

Deshalb werden dem Produkt mit seinem Grundnutzen Merkmale hinzugefügt, die dem Kunden möglichst viele Zusatznutzen bringen und letztlich die Kaufentscheidung herbeiführen.[9] Häufig werden ästhetische Eigenschaften wie Form und Farbe eines Produkts als zusätzlicher Nutzen in die Produktgestaltung integriert.[10] So können auch „alte" Grundideen eines Produkts (Beispiel Kaffeemaschine) durch innovative Zusatzeigenschaften wieder Interesse bei potentiellen Käufern wecken.

Da das Verlangen nach Zusatzeigenschaften vom jeweiligen Käufer abhängt, sollte ein Produkt eine möglichst hohe Anzahl von Zusatznutzen bieten, um eine Vielzahl potentieller Käufer anzusprechen und sich möglichst viele Vorteile gegenüber Konkurrenzprodukten zu verschaffen.[11]

Bei der Kaffeemaschine könnte das beispielsweise eine ausgefallene Form und Farbgestaltung, ein Tropfstopp, eine automatische Abschaltung, eine Aroma-Funktion usw. sein.

---

[9] vgl. Winter (2007), S. 359
[10] vgl. Winter (2007), S. 360
[11] vgl. Runia/Wahl/Geyer/Thewißen (2011), S. 142

3. Gestaltungskomponenten

Ein Produkt setzt sich aus mehreren Komponenten zusammen. Im Mittelpunkt steht der Produktkern, umgeben vom Produktäußeren und vom Produktumfeld.[12] Das Ziel bei der Produktgestaltung liegt nun darin, diese Komponenten so zu wählen, dass sie den Kundenansprüchen entsprechen und sich von Konkurrenzprodukten unterscheiden. Die folgende Abbildung zeigt die Ummantelung des Produktkerns im Detail und wird im weiteren Verlauf näher beschrieben.

Abbildung 1

3.1 Produktkern

Der Produktkern beschreibt das eigentliche Produkt mit seinen technisch-konstruktiven Eigenschaften (Grundfunktionen).[13] Dieser Bestandteil erfüllt beim Kunden den bereits genannten Grundnutzen und hebt sich nicht von Konkurrenzprodukten ab (Beispiel: jede Kaffeemaschine kocht Kaffee).

---

[12] vgl. Froböse/Kaapke (2003), S. 151
[13] vgl. Vahs/Schäfer-Kunz (2007), S. 572

Im Gegensatz zu den Eigenschaften des Produktäußeren und des Produktumfeldes kann auf den Produktkern als Merkmal keinesfalls verzichtet werden, da dieser die Basisleistung des Produkts bietet und vom Kunden vorausgesetzt wird.[14]

Je nach Art des Produkts und seiner Verwendung umfasst der Produktkern:

- Gebrauchs- und Funktionstüchtigkeit (Leistungsgrad)
- Funktionssicherheit
- Betriebssicherheit
- Störanfälligkeit
- Haltbarkeit (Lebensdauer)
- Wertbeständigkeit[15]

3.2 Zusatzeigenschaften und Design

Das Produktäußere wird durch Zusatzeigenschaften sowie durch das Design bestimmt. Für die Erbringung der eigentlichen Leistung sind diese Eigenschaften nicht erforderlich. Ein ansprechendes Produktäußeres stellt aus Kundensicht einen (optischen) Zusatznutzen dar.

Ohne Zusatznutzen würde sich ein Produkt im Wettbewerb gar nicht erst durchsetzen, da die Nachfrager dann Konkurrenzprodukte mit umfangreicherem Nutzen bevorzugen würden. Aus diesem Grund sind auch Zusatzeigenschaften und ein ansprechendes Design nötig, wenngleich die Grundfunktionen des Produkts nicht davon abhängen.

---

[14] vgl. Hüttner/v. Ahsen/Schwarting (1999), S. 130
[15] vgl. Thommen/Achleitner (2006), S. 175

Im Rahmen der Produktgestaltung wird das Produkt um zusätzliche Eigenschaften ergänzt, die dem Ganzen seine Individualität verleihen und somit von Konkurrenzprodukten abhebt. Dazu gehören qualitative sowie funktionale und materielle Merkmale ebenso wie die Haltbarkeit, die Form, die Farbgebung und das Design.[16]

Das Design spielt bei der Produktpräsentation eine entscheidende Rolle. Spricht den Kunden das Design auf den ersten Blick an, wird er sich das Produkt mit hoher Wahrscheinlichkeit genauer anschauen. Ebenso kann eine bewusst gewählte Farbgebung das Interesse am Produkt allein durch Optik auf sich lenken.

Neben der Ästhetik sollte das Design jedoch auch die Funktion und Ergonomie bzw. Handhabung des Produkts positiv beeinflussen. Auch markenpolitische Aspekte (Positionierung des Logos, Wiedererkennungsmerkmale, Qualitätsstandards etc.) dürfen dabei nicht außer Acht gelassen werden.[17]

Ein Produktdesign ist für den Produzenten dann gut, wenn es sich mit möglichst geringem Aufwand herstellen und vertreiben lässt. Aus Kundensicht muss das Produkt so designt sein, dass es gut aussieht, in der Anwendung komfortabel ist und einfach zu reparieren und zu entsorgen ist.[18]

Kann der Hersteller ein gutes Design zu einem attraktiven Preis anbieten, hat er im Wettbewerb gute Chancen mit seinem Produkt. Denn auch bei Kunden, die generell nur wenig Wert auf Design legen, fördert eine ansprechende Ästhetik des Produkts die Kauf- und Zahlungsbereitschaft.[19] Zudem bringt ein qualitativ hochwertiges Design auch eine Steigerung des Wertes mit sich.

---

[16] vgl. Vahs/Schäfer-Kunz (2007), S. 572
[17] vgl. Gaubinger/Werani/Rabl (2009), S. 22
[18] vgl. Kotler/Bliemel (2006), S. 485
[19] vgl. Homburg/Krohmer (2009), S. 538

3.3 Produktumfeld

Umgeben wird der Produktkern mit seinen Zusatzeigenschaften von der Verpackung und den Dienstleistungen, die in Verbindung mit dem Produkt stehen. Das Produktumfeld bietet im Rahmen der Produktgestaltung weitere Potenziale, um sich Vorteile gegenüber Konkurrenten zu schaffen und so ein wettbewerbsstarkes Produkt zu kreieren.[20]

3.3.1 Verpackung

Ein weiterer wesentlicher Bestandteil des Gestaltungsprozesses liegt in der Verpackung. Es wird unterschieden zwischen primärer (z. B. Flasche), sekundärer (z. B. Getränkekiste) und tertiärer (z. B. Palette) Verpackung. Hier ergeben sich wieder viele Möglichkeiten, ein Produkt durch gestalterische Maßnahmen von Konkurrenten abzugrenzen und das eigene Image zu unterstreichen.[21] Für den Endverbraucher ist die primäre Verpackung am bedeutsamsten; die sekundäre und tertiäre Verpackung sind hingegen eher für die Logistik und die Händler von Bedeutung.

Wie auch das Design des Produkts selbst, ist eine ansprechende Verpackung zur Kaufbeeinflussung und Steigerung der Zahlungsbereitschaft des Kunden nötig. Denn zeugt bereits die Umhüllung des Produkts von hoher Qualität und Ästhetik, so geht der Kunde auch von einem entsprechenden Inhalt aus. Bei Dienstleistungen lässt sich beispielweise der Beratungsraum als Verpackung betiteln; hier spricht man dann vom tangiblen Umfeld.[22]

---

[20] vgl. Froböse/Kaapke (2003), S. 152
[21] vgl. Gelbrich/Wünschmann/Müller (2008), S. 76
[22] vgl. Homburg/Krohmer (2009), S. 539

Neben der Beeinflussung auf den Kunden hat die Verpackung noch viele weitere Funktionen, die bei der Gestaltung berücksichtigt werden müssen:

Durch diverse Aufschriften trägt sie Informationen über den Inhalt, dient der Identifikation (Barcode/Artikelnummer) und kann als Werbefläche für das Produkt genutzt werden (bspw. Abdruck von Testurteilen, Gütesiegeln, Patente etc.). Darüber hinaus spielt die Verpackung auch in der Logistik eine große Rolle. So muss sie transport- und lagerfähig sein und sollte das Produkt nach der Fertigung bis zum Endverbraucher optimal vor Beschädigungen schützen.[23]

3.3.2 Dienstleistungen

Dienstleistungen, die im direkten Zusammenhang mit dem Produkt stehen, sind ein weiterer Faktor, um die Attraktivität des Produkts zu steigern und die Kundenzufriedenheit langfristig zu sichern. Diese sollten dem Produkt entsprechend ausgeprägt sein und können folgendes Leistungsspektrum umfassen:

- Kaufberatung
- Lieferung und Installation
- Schulung und Beratung nach dem Kauf
- Ersatzteilversorgung, Wartung, Reparatur
- Garantie[24]

---

[23] vgl. Thommen/Achleitner (2006), S. 175
[24] vgl. Thommen/Achleitner (2006), S. 177

Das Angebot an Dienstleistungen lässt sich in zwei Kategorien einteilen. Da sind zunächst die *Basisdienstleistungen*, unter denen all die Leistungen fallen, die der Kunde vom Anbieter bzw. Hersteller voraussetzt. Beispielsweise erwartet ein Kunde im Autohaus eine Beratung durch einen Fachmann, der ihn bei seiner Kaufentscheidung unterstützt.

Dem gegenüber stehen die *Zusatzdienstleistungen*, die für die eigentliche Kaufentscheidung nicht von Bedeutung sind, die dem Kunden jedoch einen weiteren Zusatznutzen bringen und somit zur Zufriedenheit und Kundenbindung beitragen. So kann das Autohaus beispielsweise die ersten beiden Inspektionen unentgeltlich durchführen oder den Garantieanspruch freiwillig verlängern.[25] Diese Zusatzdienstleistungen hinterlassen beim Kunden in der Regel einen besonders positiven Eindruck, da sie nicht grundsätzlich erwartet werden und – zum Beispiel bei der Garantieerweiterung – die Qualität eines Produkts unterstreichen.

Langfristig können sich einstige Zusatzdienstleistungen zu Basisdienstleistungen entwickeln, wenn zunehmend auch Konkurrenten das Leistungsmerkmal anbieten. So erwartet man heute beispielsweise als Käufer eines Navigationsgerätes ein Kontingent an kostenlosen Updates, die früher nur in Einzelfällen unentgeltlich angeboten wurden.

---

[25] vgl. Homburg/Krohmer (2009), S. 539

4. Grundlagen für die Produktgestaltung

Der Gestaltungsprozess beginnt immer dann, wenn ein neues Produkt auf den Markt gebracht werden soll. Gerade bei derartigen Produkten, die von vielen verschiedenen Herstellern angeboten werden, kann eine durchdachte Gestaltung maßgeblich für den Erfolg eines Produkts sein.

Aber auch bei Produktinnovationen, wo noch keine Konkurrenz besteht, ist der Gestaltungsprozess von großer Bedeutung, um Kundenbindungen aufzubauen und sich mit einem qualitativen Vorteil schon vor dem Eintreten von Konkurrenten am Markt einen Wettbewerbsvorteil zu verschaffen. Beispiel: Apples iPhone als erstes Smartphone, das noch heute einen großen Marktanteil besitzt, trotz vieler Konkurrenten.

Die Produktgestaltung spielt aber auch dann eine Rolle, wenn bestehende Produkte modifiziert werden. Diese sind bereits am Markt und werden im Rahmen einer so genannten Produktpflege überarbeitet. Das Produkt soll dadurch stetig verbessert und der Produktlebenszyklus so erweitert werden. Bei der Neugestaltung eines bestehenden Produkts werden dann Veränderungen im Kaufverhalten, aktuelle Modetrends aber auch Kundenbeschwerden und -anregungen berücksichtigt.[26]

Bei einer umfangreicheren Veränderung des bestehenden Produkts handelt es sich um eine Produktvariation. Hierbei wird eine neue Variante des Produkts gestaltet, die den aktuellen Marktanforderungen gerecht wird und ein Vorgängermodell ablösen soll. Durch diesen Relaunch eines Produkts soll der Produktlebenszyklus durch sinnvolle Veränderungen dahingehend verlängert werden, als dass die veraltete Version in ihrer Degenerationsphase durch eine neu gestaltete Variation abgelöst wird.[27]

---

[26] vgl. Winter (2007), S. 366
[27] vgl. Hüttner/v. Ahsen/Schwarting (1999), S. 140-141

5. Einflussfaktoren

In erster Linie unterliegen der Produktgestaltung die gesellschaftlichen Faktoren, die Einfluss auf das Produkt nehmen; die Hersteller orientieren sich an dem, was auf dem Markt zurzeit gefragt ist. Bestimmt wird dies beispielsweise durch die gegenwärtigen Werte, Lebensstile und der Demographie.

Gestalterische Entscheidungen unterliegen aber weitaus mehr Einflussfaktoren, auf die der Hersteller keinen oder nur bedingt Einfluss nehmen kann und die ihn so in seiner Gestaltungsfreiheit einschränken.

Eine Rolle spielt dabei die gesamtwirtschaftliche Entwicklung. Aber auch politisch-rechtliche Vorschriften müssen bei der Produktgestaltung eingehalten werden. Dazu zählen eine Vielzahl von Normen, Gesetzen und Verordnungen, wie z. B.

- das Markengesetz
- das Patentgesetz
- die Kennzeichnungspflicht bei Lebensmitteln
- diverse Umweltschutzverordnungen[28]

Die Berücksichtigung der zuletzt genannten Faktoren innerhalb des Gestaltungsprozesses gewährleistet ein rechtlich einwandfreies Produkt. Die Rechte anderer werden gewahrt und der Kunde erhält ein allen vorgeschrieben Standards entsprechendes Produkt.

---

[28] vgl. Böhler/Scigliano (2005), S. 77-78

6. Schlusswort

Durch einen immer schneller wachsenden Markt in Zeiten der Globalisierung und des immer stärker werdenden Käufermarktes gibt es heute kaum noch Produkte bzw. Hersteller, die keiner Konkurrenz ausgesetzt sind. Das große Angebot drängt die Hersteller dazu, durch Kreativität ein Produkt derart zu gestalten, dass es im Markt hervorsticht.

Maßgeblich ist natürlich auch immer der Preis, der im angemessenen Verhältnis zum Produkt stehen sollte. Am Markt unterbieten sich die Konkurrenten oftmals, um durch günstige Preise einen möglichst großen Marktanteil zu erlangen.

Durch eine zielgruppenorientierte Produktgestaltung ist es dem Verkäufer jedoch möglich, die Zahlungs- und Kaufbereitschaft zu erhöhen, wenngleich er nicht den günstigsten Preis am Markt bieten kann. Dem Käufer wird eine Vielzahl von Zusatznutzen geboten, die ihn im Idealfall vom Kauf eines günstigeren Konkurrenzproduktes (mit geringerem Nutzen) abbringen.

Literaturverzeichnis

Böhler, H./Scigliano, D.	"Marketing Management" Bayreuth, 2005
Froböse, M./Kaapke, A.	„Marketing", 2. Auflage München, 2003
Gaubinger, K./Werani, T./Rabl, M.	„Praxisorientiertes Innovations- und Produktmanagement" Wiesbaden, 2009
Gelbrich/Wünschmann/Müller	„Erfolgsfaktoren des Marketing" Dresden, München und Ilmenau, 2008
Homburg, C./Krohmer, H.	„Marketingmanagement", 3. Auflage Wiesbaden, 2009
Hüttner/von Ahsen/Schwarting	„Marketing Management", 2. Auflage München, 1999
Kotler, P./Bliemel, F.	„Marketing-Management", 10. Auflage München, 2006
Runia/Wahl/Geyer/Thewißen	„Marketing", 3. Auflage München, 2011
Thommen, J.-P./Achleitner, A.-K.	„Allgemeine Betriebswirtschaftslehre", 5. Auflage Wiesbaden, 2006
Vahs, D./Schäfer-Kunz, J.	„Einführung in die Betriebswirtschaftslehre", 5. Auflage Esslingen, 2007
Winter, Michael Olaf	„Handbuch für die kaufmännische Praxis" Berlin, 2007